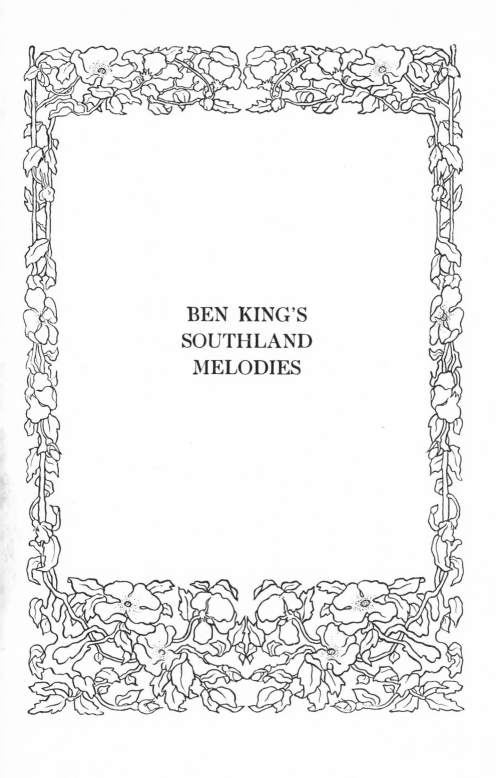

BEN KING'S
SOUTHLAND
MELODIES

BEN KING'S
SOUTHLAND
MELODIES

ILLUSTRATED WITH PHOTOGRAPHS BY
ESSIE COLLINS MATTHEWS
AND
LEIGH RICHMOND MINER

The Black Heritage Library Collection

BOOKS FOR LIBRARIES PRESS
FREEPORT, NEW YORK
1972

First Published 1911
Reprinted 1972

Reprinted from a copy in the
Fisk University Library Negro Collection

INTERNATIONAL STANDARD BOOK NUMBER:
0-8369-8981-3

LIBRARY OF CONGRESS CATALOG CARD NUMBER:
70-38013

PRINTED IN THE UNITED STATES OF AMERICA
BY
NEW WORLD BOOK MANUFACTURING CO., INC.
HALLANDALE, FLORIDA 33009

CONTENTS

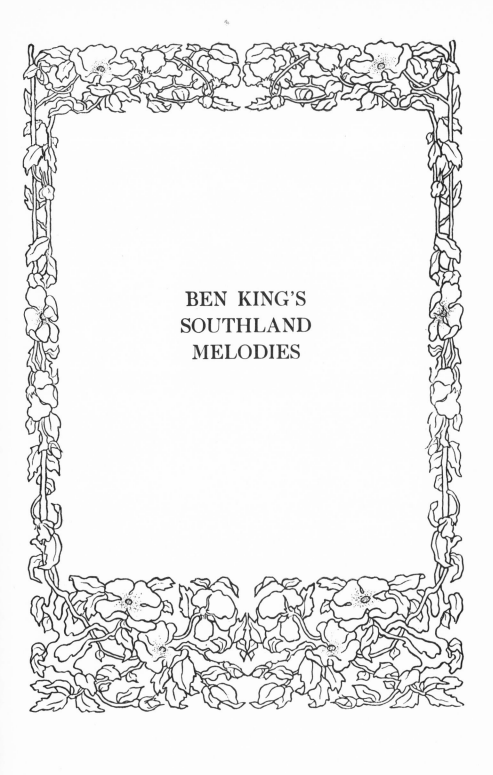

BEN KING'S
SOUTHLAND
MELODIES

BEN KING'S SOUTHLAND MELODIES

DE CUSHVILLE HOP

I'S gwine down to de Cushville hop
  An' dar ain' no niggahs gwine to make me
      stop;
Missus gwine to deck me all up in white,
So watch de step dat I's gettin' in to-night.
Um-hm, mah honey, tain' no use;
Um-hm, mah honey, turn me loose,
Um-hm, mah honey, watch me shine
When mah foot am a-shakin' in de ole coonjine.

No black niggahs come foolin' roun' me;
I's jes' to look at, anyone can see;
I's jes' a orniment, an' I mus' 'fess
No niggah put 'is ahm 'roun' mah snow-white
    dress.
Um-hm, niggah, keep away, undahstand?
Um-hm, niggah, look out fo' yo' hand;
I's jes' to gaze at I must 'fess,

11

So don't put yo' ahm 'roun' mah snow-white
 dress.

Bring out de banjo, plunk-plank-pling,
Watch de motion ob mah step an' mah swing;
Don' yo' pestah me er make me stop
When I git in motion at de Cushville hop.
Um-hm, niggah, keep away, keep away!
Um-hm, niggah, not to-day!
Keep away from me kase I done cain't stop:
I 's jes' caught mah motion fo' de Cushville
 hop.

13

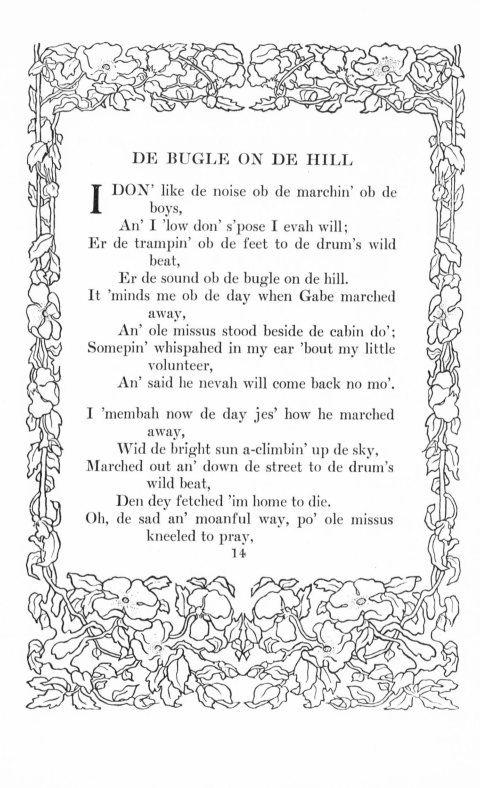

DE BUGLE ON DE HILL

I DON' like de noise ob de marchin' ob de
    boys,
    An' I 'low don' s'pose I evah will;
Er de trampin' ob de feet to de drum's wild
    beat,
    Er de sound ob de bugle on de hill.
It 'minds me ob de day when Gabe marched
    away,
    An' ole missus stood beside de cabin do';
Somepin' whispahed in my ear 'bout my little
    volunteer,
    An' said he nevah will come back no mo'.

I 'membah now de day jes' how he marched
    away,
    Wid de bright sun a-climbin' up de sky,
Marched out an' down de street to de drum's
    wild beat,
    Den dey fetched 'im home to die.
Oh, de sad an' moanful way, po' ole missus
    kneeled to pray,

14

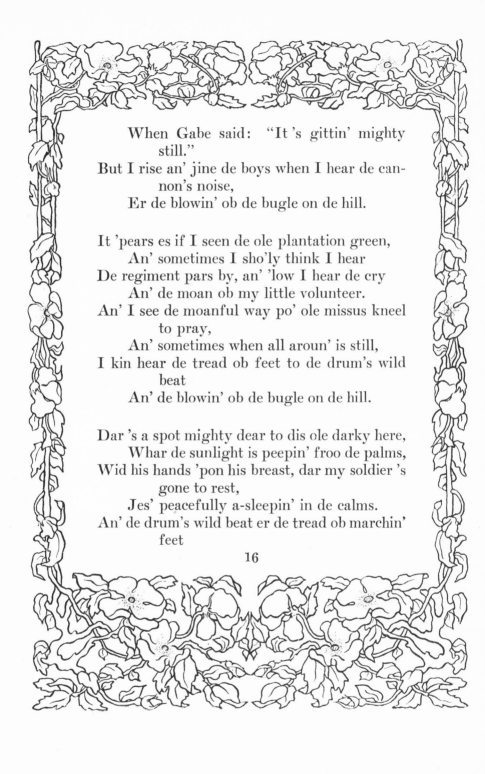

When Gabe said: "It 's gittin' mighty
    still."
But I rise an' jine de boys when I hear de can-
    non's noise,
    Er de blowin' ob de bugle on de hill.

It 'pears es if I seen de ole plantation green,
    An' sometimes I sho'ly think I hear
De regiment pars by, an' 'low I hear de cry
    An' de moan ob my little volunteer.
An' I see de moanful way po' ole missus kneel
    to pray,
    An' sometimes when all aroun' is still,
I kin hear de tread ob feet to de drum's wild
    beat
    An' de blowin' ob de bugle on de hill.

Dar 's a spot mighty dear to dis ole darky here,
    Whar de sunlight is peepin' froo de palms,
Wid his hands 'pon his breast, dar my soldier 's
    gone to rest,
    Jes' peacefully a-sleepin' in de calms.
An' de drum's wild beat er de tread ob marchin'
    feet

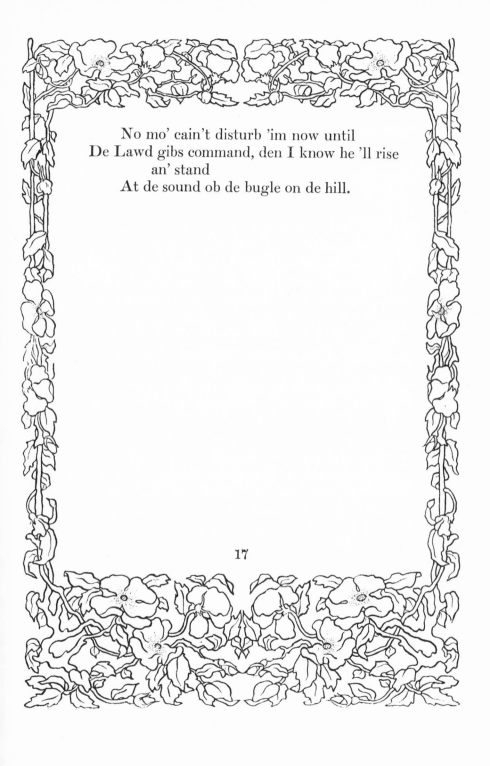

No mo' cain't disturb 'im now until
De Lawd gibs command, den I know he 'll rise
    an' stand
At de sound ob de bugle on de hill.

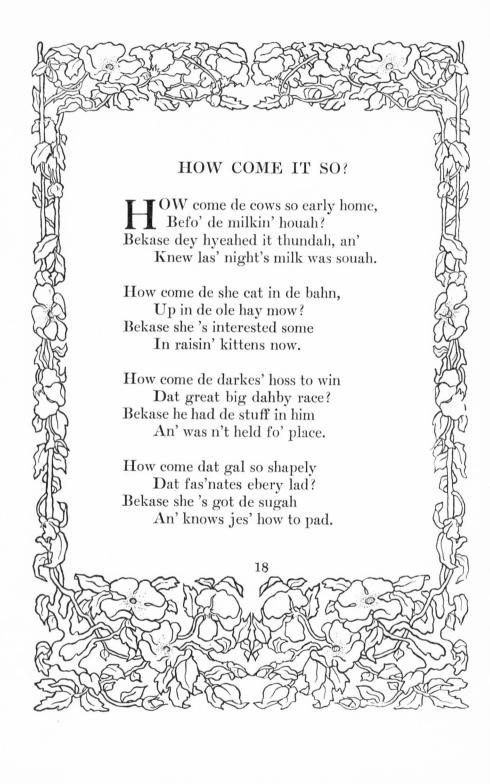

HOW COME IT SO?

HOW come de cows so early home,
    Befo' de milkin' houah?
Bekase dey hyeahed it thundah, an'
    Knew las' night's milk was souah.

How come de she cat in de bahn,
    Up in de ole hay mow?
Bekase she 's interested some
    In raisin' kittens now.

How come de darkes' hoss to win
    Dat great big dahby race?
Bekase he had de stuff in him
    An' was n't held fo' place.

How come dat gal so shapely
    Dat fas'nates ebery lad?
Bekase she 's got de sugah
    An' knows jes' how to pad.

18

How come de eyarf a-shakin' up
    An' scarin' people so?
Bekase dat 's jes' how Be'lzebub
    Remin's us ob below.

How come de trees a-glis'nin' an'
    De grass all wet wid dew?
Bekase why, chile, de atmospheah
    Had nuffin' else to do.

How come dese metahphysics
    A-healin' people so?
Don' ask me no mo' questions, chile,
    I tol' yo' I don' know.

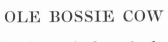

OLE BOSSIE COW

P O' ole bossie cow 's down in de marsh,
  Down in de marsh whar de col' win's am
      blowin',
Ebery now an' den when de storm dies away
Seems ef I hyeahed ole bossie cow a-lowin'.

So out by de cabin do' I stan' on de sweep,
An' listen in de win' an' damp'nin' wedder,
An' 't pears dat I hyeah ole bossie cow ag'in,
An' I 'low dat she say, "Come down in de med-
    der."

Den down froo de marsh land trampin' along,
Down froo de gloom an' de night rains a-fallin',
Pickin' my way through the whisperin' reeds,
"Co-boss, co-boss, co-boss," a-callin'.

Den all ob a-sudden I come to a stop,
An' dar 's ole bossie cow so gentle an' so kin';
An' I coax up ole Brindle, an' I lead her by de
    ho'n;

A wee little bossie cow comes follerin' on
    behin',
A wee little bossie comes follerin' on behin'.

22

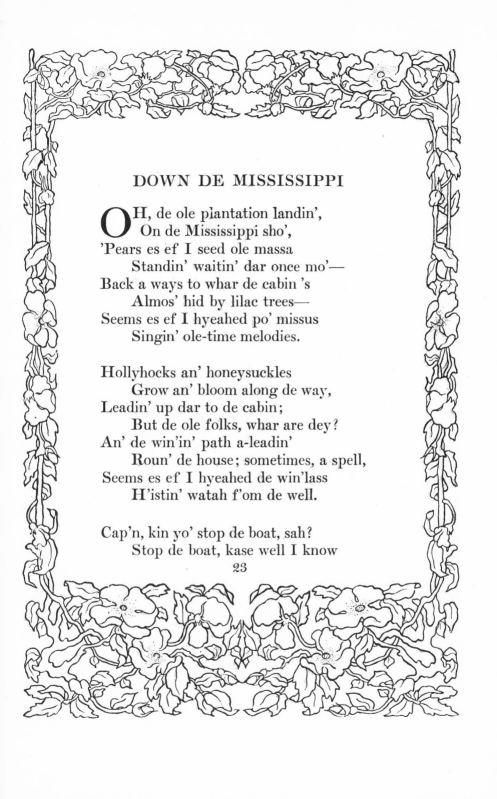

DOWN DE MISSISSIPPI

OH, de ole plantation landin',
　　On de Mississippi sho',
'Pears es ef I seed ole massa
　　Standin' waitin' dar once mo'—
Back a ways to whar de cabin 's
　　Almos' hid by lilac trees—
Seems es ef I hyeahed po' missus
　　Singin' ole-time melodies.

Hollyhocks an' honeysuckles
　　Grow an' bloom along de way,
Leadin' up dar to de cabin;
　　But de ole folks, whar are dey?
An' de win'in' path a-leadin'
　　Roun' de house; sometimes, a spell,
Seems es ef I hyeahed de win'lass
　　H'istin' watah f'om de well.

Cap'n, kin yo' stop de boat, sah?
　　Stop de boat, kase well I know

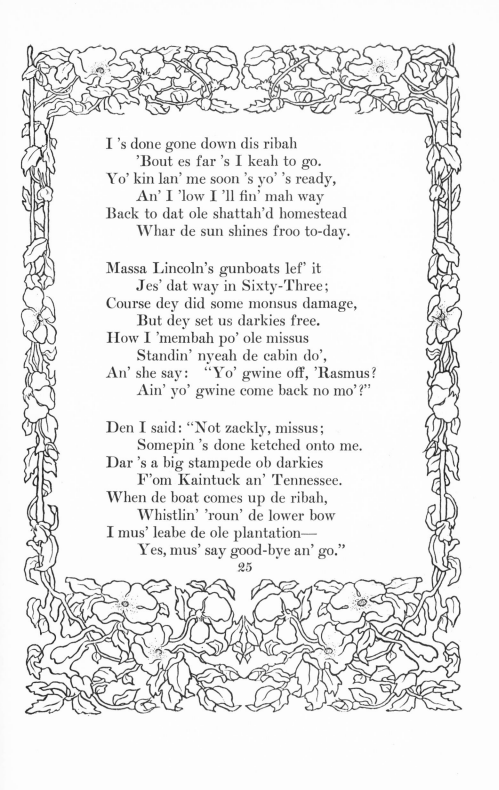

I 's done gone down dis ribah
    'Bout es far 's I keah to go.
Yo' kin lan' me soon 's yo' 's ready,
    An' I 'low I 'll fin' mah way
Back to dat ole shattah'd homestead
    Whar de sun shines froo to-day.

Massa Lincoln's gunboats lef' it
    Jes' dat way in Sixty-Three;
Course dey did some monsus damage,
    But dey set us darkies free.
How I 'membah po' ole missus
    Standin' nyeah de cabin do',
An' she say: "Yo' gwine off, 'Rasmus?
    Ain' yo' gwine come back no mo'?"

Den I said: "Not zackly, missus;
    Somepin 's done ketched onto me.
Dar 's a big stampede ob darkies
    F'om Kaintuck an' Tennessee.
When de boat comes up de ribah,
    Whistlin' 'roun' de lower bow
I mus' leabe de ole plantation—
    Yes, mus' say good-bye an' go."

25

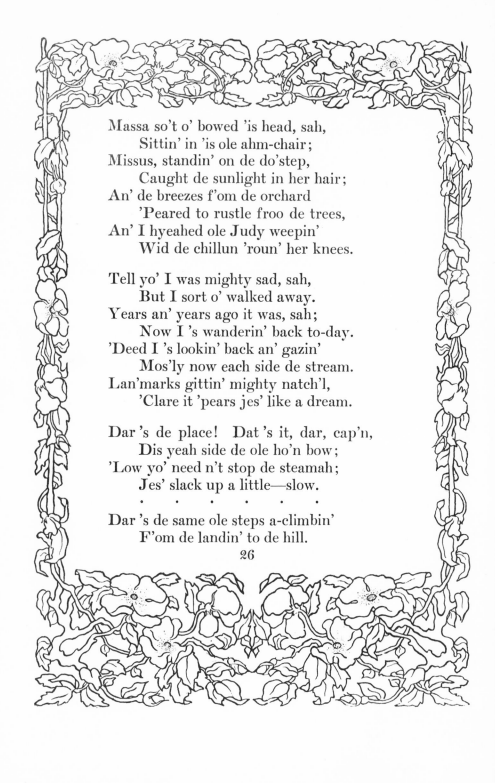

Massa so't o' bowed 'is head, sah,
　　Sittin' in 'is ole ahm-chair;
Missus, standin' on de do'step,
　　Caught de sunlight in her hair;
An' de breezes f'om de orchard
　　'Peared to rustle froo de trees,
An' I hyeahed ole Judy weepin'
　　Wid de chillun 'roun' her knees.

Tell yo' I was mighty sad, sah,
　　But I sort o' walked away.
Years an' years ago it was, sah;
　　Now I 's wanderin' back to-day.
'Deed I 's lookin' back an' gazin'
　　Mos'ly now each side de stream.
Lan'marks gittin' mighty natch'l,
　　'Clare it 'pears jes' like a dream.

Dar 's de place! Dat 's it, dar, cap'n,
　　Dis yeah side de ole ho'n bow;
'Low yo' need n't stop de steamah;
　　Jes' slack up a little—slow.
　　·　　·　　·　　·　　·　　·
Dar 's de same ole steps a-climbin'
　　F'om de landin' to de hill.

26

Lan' ob goodness! Ef de bushes
    Ain't a-growin' thickah still.

In de lan' ob de forgotten;
    Not a soul along de hill;
Not a voice to wake yo' gladness;
    Everythin' do 'pear so still:
Not an echo to a footstep;
    Not an ansah to a call
'Cep' a mockin'-bird a-singin'
    To de lonesomeness—dat 's all.

27

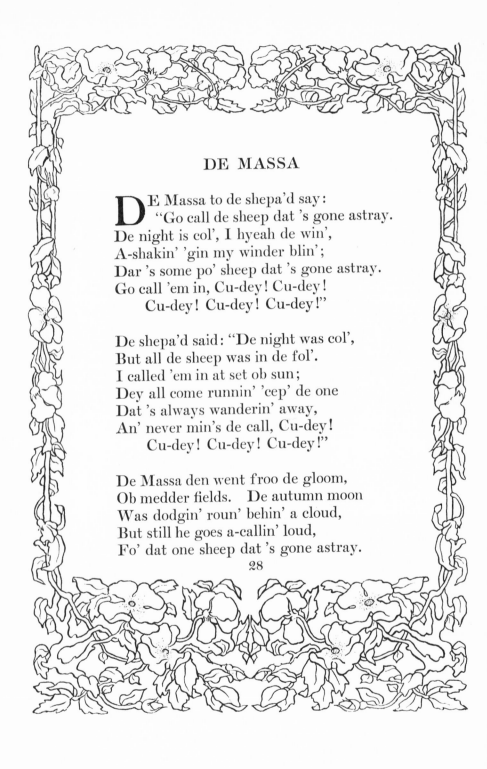

DE MASSA

DE Massa to de shepa'd say:
    "Go call de sheep dat 's gone astray.
De night is col', I hyeah de win',
A-shakin' 'gin my winder blin';
Dar 's some po' sheep dat 's gone astray.
Go call 'em in, Cu-dey! Cu-dey!
    Cu-dey! Cu-dey! Cu-dey!"

De shepa'd said: "De night was col',
But all de sheep was in de fol'.
I called 'em in at set ob sun;
Dey all come runnin' 'cep' de one
Dat 's always wanderin' away,
An' never min's de call, Cu-dey!
    Cu-dey! Cu-dey! Cu-dey!"

De Massa den went froo de gloom,
Ob medder fields.   De autumn moon
Was dodgin' roun' behin' a cloud,
But still he goes a-callin' loud,
Fo' dat one sheep dat 's gone astray.

I hyeah him call, "Cu-dey! Cu-dey!
    Cu-dey! Cu-dey! Cu-dey!"

He listens long to hyeah de soun',
F'om some ole wedder pokin' roun',
Dat 's gone to res' down in de dell,
An' wanderin' roun' has los' his bell;
Tho' softer now so far away,
I hyeah him call, "Cu-dey! Cu-dey!
    Cu-dey! Cu-dey! Cu-dey!"

But furdah on in gloom an' damp,
Upon de bordah ob de swamp;
So chilled by dew an' autumn win's,
Right dar de po' los' sheep he fin's;
He lifts him up, an' leads de way,
Yit I hyeah Massa's echo say,
"Cu-dey! Cu-dey! Cu-dey! Cu-dey!
    Cu-dey! Cu-dey! Cu-dey!"

An' all night long de win' an' rains,
An' hail against de winder panes,
In dreams I hyeah de Massa call
De wanderin' sheep, he knows 'em all.

30

He p'ints de road, an' shows de way
An' ever stan's an' calls, "Cu-dey!
Cu-dey! Cu-dey! Cu-dey! Cu-dey!
Cu-dey! Cu-dey! Cu-dey!"

JES' TAKE MAH ADVICE

JES' a little sunshine, jes' a little rain,
    Jes' a little happiness, jes' a little pain.
Jes' a little verselet sounds mighty nice
'Bout some oddah business; jes' take mah ad-
    vice.

Jes' a little chicken-coop standin' neah de
    fence;
Jes' a little darky, too, widout a bit ob sense;
Jes' a little pressin' by de farmah on de triggah,
Jes' a little 'splosion, den a perforated niggah.

Jes' a little lazy coon 'roun' a-shootin' craps,
Den a-buyin' policies 'roun' de lottery traps;
Jes' a little out ob cash, jes' a little stuck;
Jes' a little hungry, jes' a niggah's luck.

Jes' a little bettin' on de fav'rite in de race;
Jes' a little ways behin', workin' hard fo' place;
Jes' a little money won by dat oddah moke.
Jes' a little t'ing like dat lef' dis darky broke.

33

Jes' a little pressin' on de latch, wid no one in;
Jes' a little jewelry, jes' a diamond pin;
Jes' a little sheriff on a niggah's trail.
Jes' sech little t'ings as dat got dis coon in jail.

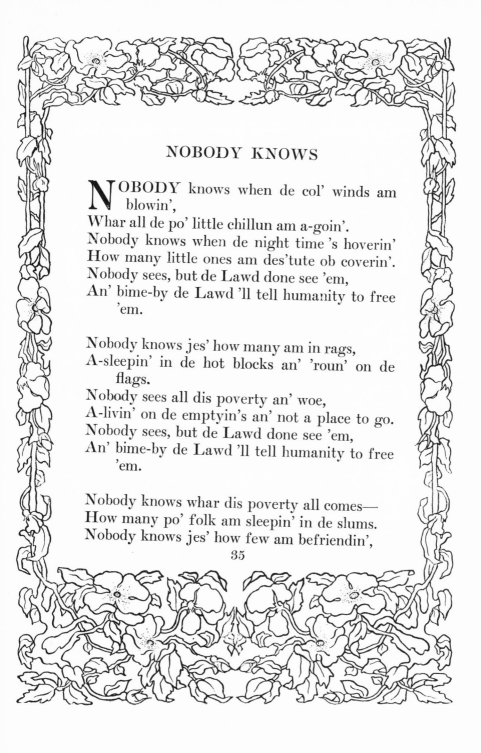

NOBODY KNOWS

NOBODY knows when de col' winds am
    blowin',
Whar all de po' little chillun am a-goin'.
Nobody knows when de night time 's hoverin'
How many little ones am des'tute ob coverin'.
Nobody sees, but de Lawd done see 'em,
An' bime-by de Lawd 'll tell humanity to free
    'em.

Nobody knows jes' how many am in rags,
A-sleepin' in de hot blocks an' 'roun' on de
    flags.
Nobody sees all dis poverty an' woe,
A-livin' on de emptyin's an' not a place to go.
Nobody sees, but de Lawd done see 'em,
An' bime-by de Lawd 'll tell humanity to free
    'em.

Nobody knows whar dis poverty all comes—
How many po' folk am sleepin' in de slums.
Nobody knows jes' how few am befriendin',

35

But de good Lawd knows dar mus' soon be an
    endin'.
Nobody sees, but de Lawd done see 'em,
An' bime-by de Lawd 'll tell humanity to free
    'em.

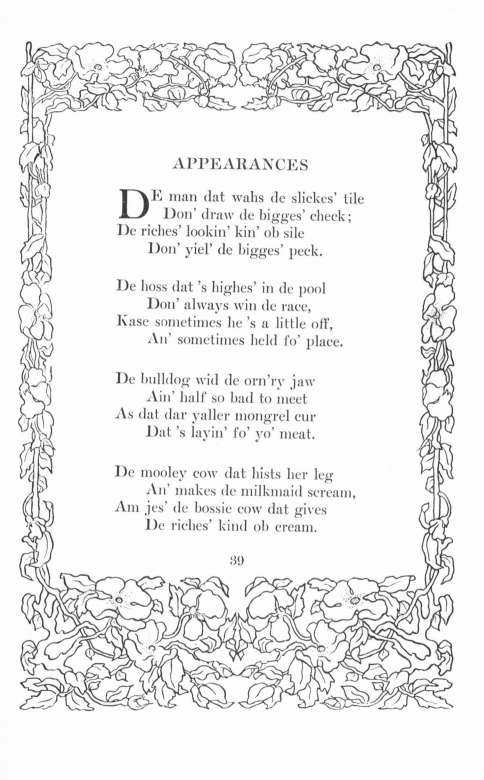

APPEARANCES

DE man dat wahs de slickes' tile
    Don' draw de bigges' check;
De riches' lookin' kin' ob sile
    Don' yiel' de bigges' peck.

De hoss dat 's highes' in de pool
    Don' always win de race,
Kase sometimes he 's a little off,
    An' sometimes held fo' place.

De bulldog wid de orn'ry jaw
    Ain' half so bad to meet
As dat dar yaller mongrel cur
    Dat 's layin' fo' yo' meat.

De mooley cow dat hists her leg
    An' makes de milkmaid scream,
Am jes' de bossie cow dat gives
    De riches' kind ob cream.

De mule dat hab de wicked eye
 Ain' half so bad, now min'—
Look out fo' dat ole sleepy mule
 Yo' 's walkin' 'roun' behin'.

40

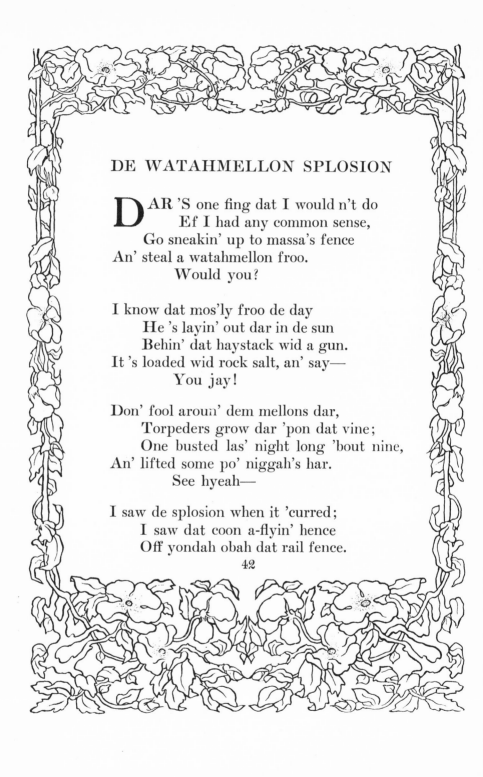

DE WATAHMELLON SPLOSION

D AR 'S one fing dat I would n't do
    Ef I had any common sense,
    Go sneakin' up to massa's fence
An' steal a watahmellon froo.
    Would you?

I know dat mos'ly froo de day
    He 's layin' out dar in de sun
    Behin' dat haystack wid a gun.
It 's loaded wid rock salt, an' say—
    You jay!

Don' fool aroun' dem mellons dar,
    Torpeders grow dar 'pon dat vine;
    One busted las' night long 'bout nine,
An' lifted some po' niggah's har.
    See hyeah—

I saw de splosion when it 'curred;
    I saw dat coon a-flyin' hence
    Off yondah obah dat rail fence.

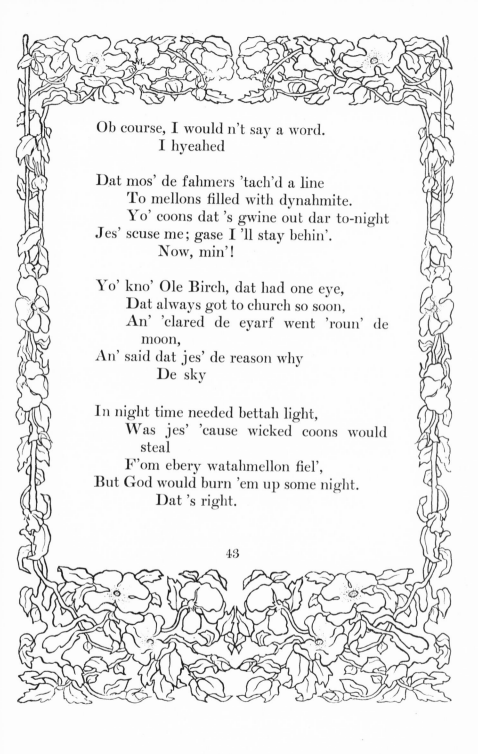

Ob course, I would n't say a word.
    I hyeahed

Dat mos' de fahmers 'tach'd a line
    To mellons filled with dynahmite.
    Yo' coons dat 's gwine out dar to-night
Jes' scuse me; gase I 'll stay behin'.
    Now, min'!

Yo' kno' Ole Birch, dat had one eye,
    Dat always got to church so soon,
    An' 'clared de eyarf went 'roun' de
      moon,
An' said dat jes' de reason why
    De sky

In night time needed bettah light,
    Was jes' 'cause wicked coons would
      steal
    F'om ebery watahmellon fiel',
But God would burn 'em up some night.
    Dat 's right.

He was n't to de church to-day;
    A bran' new coon stood in de spot
    An' set right whar he always sot.
He was n't dar to shout an' pray,
      Dat 's what.

I don' s'pose none yo' niggahs hyeahed
    De reason dat I laft in church
    When some coon ast fo' Bruddah Birch.
'Twas jes' las' night dat, 'pon my word,
      De splosion 'curred.

No, sah!   It 's nebah gwine to do
    Fo' any coon wid common sense
    To sneak up now to any fence
An' try to steal a mellon froo,
      Dat 's shuah.

DE SUN 'S COMIN' BACK

HUSH! chillun, hush!
    Kase de sun 's done come back agin,
Back agin a-shinin' on de old cypress tree;
    Hush! chillun, hush!
    It shuahly am a fac' agin,
    De sun 's done come back agin,
Back agin to me.

    Hush! chillun, hush!
    Fo' de sun 's done come back agin,
Pushin' yaller glory roun' in ebery spot it fin's,
    Dancin' on de cradle
    An' old Chloe wid de ladle,
    An' coaxin' out de blossoms on
De honeysuckle vines.

    Hush! chillun, hush!
    Kase de sof' winds come back agin,
Back agin' a-bringin' all de glory ob de spring;
    My heart 's jes' a-throbbin'

Fo' off yondah is de robin,
  An' de blackbird am a-cluckin'
An' I low I hyeahed 'im sing.

    Hush! chillun, hush!
  Kase de sun 's done come back agin,
Bringin' back de fac' agin I 's gittin' mighty
      old;
  I often sit an' pondah,
  An' I wondah, an' I wondah,
  How many times it 's comin' back
Befo' I reach de fold.

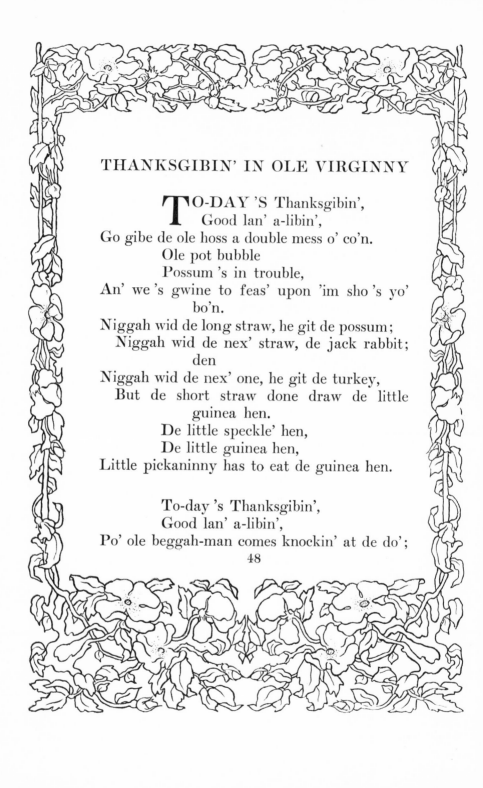

THANKSGIBIN' IN OLE VIRGINNY

TO-DAY 'S Thanksgibin',
    Good lan' a-libin',
Go gibe de ole hoss a double mess o' co'n.
    Ole pot bubble
    Possum 's in trouble,
An' we 's gwine to feas' upon 'im sho 's yo'
    bo'n.
Niggah wid de long straw, he git de possum;
  Niggah wid de nex' straw, de jack rabbit;
    den
Niggah wid de nex' one, he git de turkey,
  But de short straw done draw de little
    guinea hen.
    De little speckle' hen,
    De little guinea hen,
Little pickaninny has to eat de guinea hen.

    To-day 's Thanksgibin',
    Good lan' a-libin',
Po' ole beggah-man comes knockin' at de do';

Gibe 'im off yo' table
Long as yo' is able,
Kase poverty an' hunger may sometime come
to yo'.
Darky wid de long straw, he git de possum;
Darky wid de nex' straw, de jack rabbit;
den
Darky wid de nex' one, he git de turkey,
But de short straw done draw de little
guinea hen.
De little speckle' hen,
De little guinea hen,
De short straw done draw de little guinea hen.

49

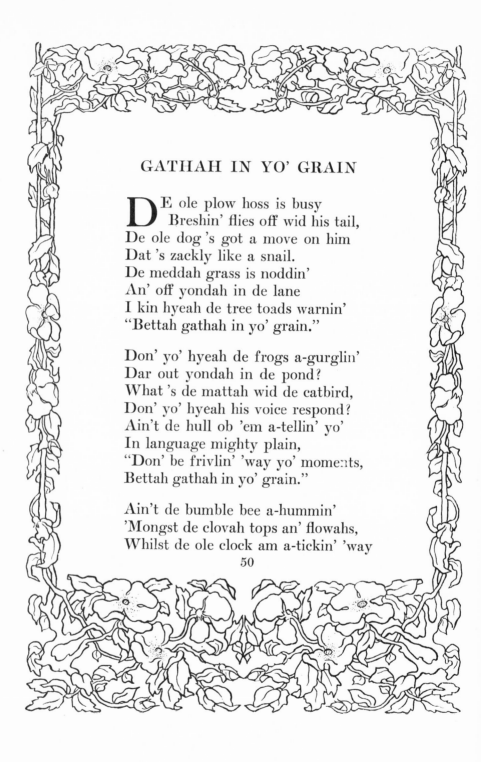

GATHAH IN YO' GRAIN

DE ole plow hoss is busy
    Breshin' flies off wid his tail,
De ole dog 's got a move on him
Dat 's zackly like a snail.
De meddah grass is noddin'
An' off yondah in de lane
I kin hyeah de tree toads warnin'
"Bettah gathah in yo' grain."

Don' yo' hyeah de frogs a-gurglin'
Dar out yondah in de pond?
What 's de mattah wid de catbird,
Don' yo' hyeah his voice respond?
Ain't de hull ob 'em a-tellin' yo'
In language mighty plain,
"Don' be frivlin' 'way yo' moments,
Bettah gathah in yo' grain."

Ain't de bumble bee a-hummin'
'Mongst de clovah tops an' flowahs,
Whilst de ole clock am a-tickin' 'way

De minutes an' de houahs?
Chile, yo 's got to be a-hus'lin'
To ketch de wisdom train.
Don' waste no opportunities,
But gathah in yo' grain.

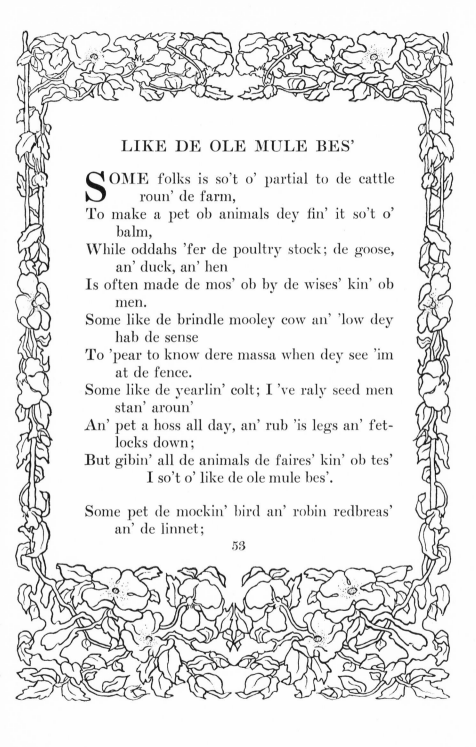

LIKE DE OLE MULE BES'

SOME folks is so't o' partial to de cattle
    roun' de farm,
To make a pet ob animals dey fin' it so't o'
    balm,
While oddahs 'fer de poultry stock; de goose,
    an' duck, an' hen
Is often made de mos' ob by de wises' kin' ob
    men.
Some like de brindle mooley cow an' 'low dey
    hab de sense
To 'pear to know dere massa when dey see 'im
    at de fence.
Some like de yearlin' colt; I 've raly seed men
    stan' aroun'
An' pet a hoss all day, an' rub 'is legs an' fet-
    locks down;
But gibin' all de animals de faires' kin' ob tes'
      I so't o' like de ole mule bes'.

Some pet de mockin' bird an' robin redbreas'
    an' de linnet;

Some like de gobbler kase he 's struttin' roun'
mos' ebery minute.
Some like de peacock fo' his pride, an' den
some like de dog,
Whilst oddahs fo' companionship have pref-
unce fo' de hog.
Some fa'mers like de wedder sheep, an' some
de little lamb,
De billy-goat, an' nanny-goat, whilst oddahs
'fer de ram.
Some like de little week-ole calf when buntin'
roun' its muddah,
An' some folks dey like one thing an' den some
folks like anuddah;
But ob all de stock I 's raised wid in de Souf,
er Eas' er Wes'
    I so't o' like de ole mule bes'.

Dar 's sompin' meekly 'bout 'im, it 's de fac' he
is n't bold
An' de 'spression on 'is face is like de holy
saints ob old;
When he sort o' h'ists 'is heel up like he 's
gwine to hit de sky

He 's simply exercisin' jes' to pestervate a fly.
An' de why he 'pears embarrass'd is kase na-
      ture had to fail
An' made 'im sort o' long on ears, an' kind o'
      short on tail;
But den he 's mo' than 'tached to me, an' know
      I is 'is friend
An' we done made up our mind to stick to-
      geddah to de end;
So dar 's no use ob yo' axin' me, yo 's done had
      time to guess
            I so't o' like de ole mule bes'.

I used to like Lucindy, but den 'Cindy
      could n't stay,
An' little Sim, I worshiped so, de angels
      coaxed away,
An' Lize Anne, an' br'er Zeph dere up dar on
      de hill,
I partial'y think I hyeah 'em, too, when all
      aroun' is still;
Yo' see, I 's mo' den lonesome hyeah, wid no-
      body to talk,

Er hide behin' de lilac trees a-down de garden
  walk,
Dat when I look at dat ole mule I feel so full
  ob woe
'Bout little Sim 'at rode on 'im, an 't aint so
  long ago,—
Ob all de frien's dat 's lef' me now, I really
  mus' confess
      I so't o' like de ole mule bes'.

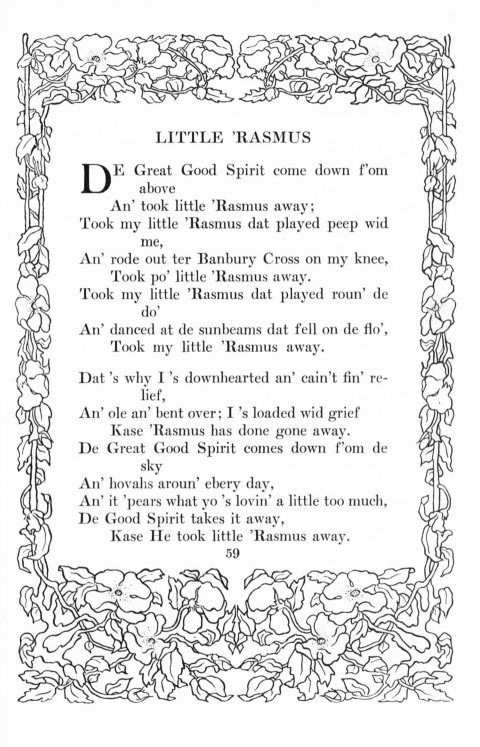

LITTLE 'RASMUS

DE Great Good Spirit come down f'om
    above
  An' took little 'Rasmus away;
Took my little 'Rasmus dat played peep wid
    me,
An' rode out ter Banbury Cross on my knee,
  Took po' little 'Rasmus away.
Took my little 'Rasmus dat played roun' de
    do'
An' danced at de sunbeams dat fell on de flo',
  Took my little 'Rasmus away.

Dat 's why I 's downhearted an' cain't fin' re-
    lief,
An' ole an' bent over; I 's loaded wid grief
  Kase 'Rasmus has done gone away.
De Great Good Spirit comes down f'om de
    sky
An' hovahs aroun' ebery day,
An' it 'pears what yo 's lovin' a little too much,
De Good Spirit takes it away,
  Kase He took little 'Rasmus away.

But I know de Good Spirit mus' be mighty
      glad,
But dis darky's heart am jes' mou'nful an'
      sad
    Since 'Rasmus has done gone away.
An' mos'ly at morn, when de whimperin' breeze
Am loiterin' up in de sycamore trees,
An' at noon when de sun dances roun' on de flo'
Dis ole darky's heart am jes' burdened wid
      woe,
An' at night twixt de win' an' de patterin' rain,
My po' soul an' body am restless wid pain
    Since 'Rasmus has done gone away.

But I know de Good Spirit comes down f'om
      de sky
An' hovahs aroun' ebery day,
An' it 'pears what yo' worship a little too much
De Good Spirit takes it away,
Kase He took little 'Rasmus away—
    Took po' little 'Rasmus away.

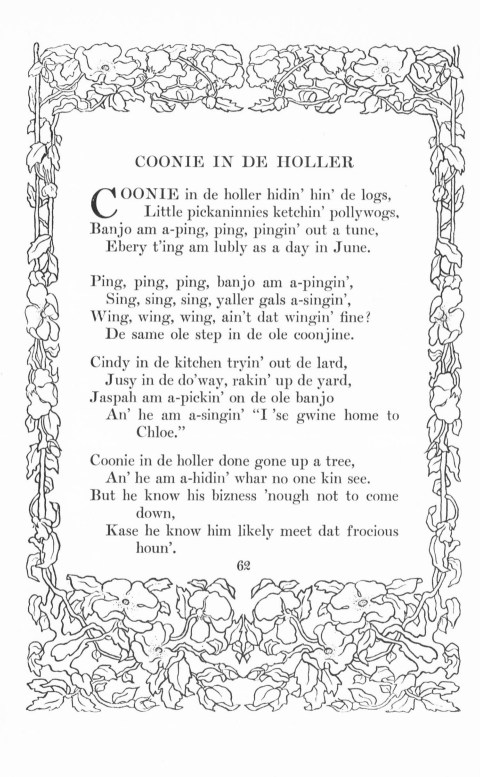

COONIE IN DE HOLLER

COONIE in de holler hidin' hin' de logs,
    Little pickaninnies ketchin' pollywogs,
Banjo am a-ping, ping, pingin' out a tune,
    Ebery t'ing am lubly as a day in June.

Ping, ping, ping, banjo am a-pingin',
    Sing, sing, sing, yaller gals a-singin',
Wing, wing, wing, ain't dat wingin' fine?
    De same ole step in de ole coonjine.

Cindy in de kitchen tryin' out de lard,
    Jusy in de do'way, rakin' up de yard,
Jaspah am a-pickin' on de ole banjo
    An' he am a-singin' "I 'se gwine home to
    Chloe."

Coonie in de holler done gone up a tree,
    An' he am a-hidin' whar no one kin see.
But he know his bizness 'nough not to come
    down,
    Kase he know him likely meet dat frocious
    houn'.

Coonie in de holler, hark, I hyeah a gun,
    Git a-goin', 'Rasmus; Jube, git up an' run,
All de foolish niggahs runnin' till dey pant,
    Bet my bottom dollah Rube has treed an
       ant.

"Pee, wee, wee," pewees in de cedars,
    Bluebirds come, robins an' de leaders,
Cudder-rudder-rung, bullfrog just now sung,
    Hyeah dat distant thundah; guess dat spring
      am sprung.

BEULAH LAN'

OBAH de ribah in Beulah Lan'
 De lubly angels in white robes stan';
Dey beckon me dar, I kin hyeah de ban',
Obah de ribah in Beulah Lan'.

Obah de ribah what sights I see!
Somebody stan's dar a-waitin' fo' me;
Stan's on de sho' ob de Jaspah Sea,
A-callin'; he says, dar 's res' fo' me.

Obah de ribah I soon mus' go,
Weary ob waitin' froo all dis woe;
An' when my journey is ended, I know
Dat de Good Shepherd will open de do'.

Obah de ribah my soul takes wing,
De songs ob Zion I hyeah 'em sing;
When tuned to de harps how our voices will
    ring
Close 'roun' de frone ob de Hebenly King.

Obah de ribah dey beckon to me,
De ribah dat flows to de Jaspah Sea;
Obah de ribah, you all mus' know
Dat de Good Shepherd will open de do'.

Den we 'll shout glory an' praise 'im an' sing
'Long up de golden streets, how it will ring;
Close to de Massa fo'ebah we 'll stan',
Obah de ribah in Beulah Lan'.

66

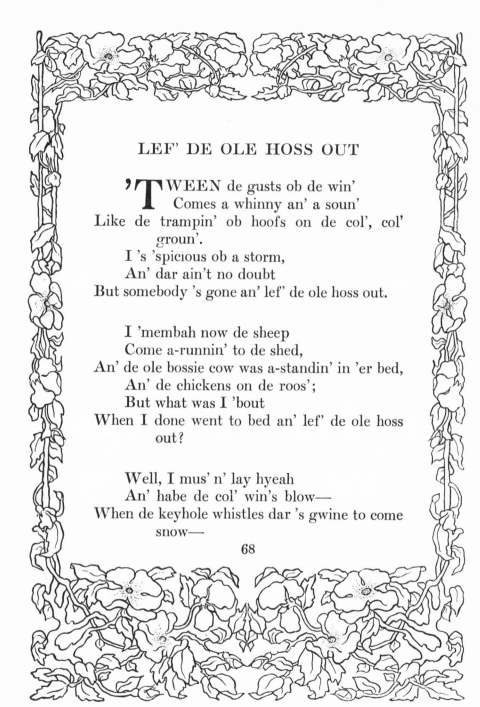

LEF' DE OLE HOSS OUT

'TWEEN de gusts ob de win'
    Comes a whinny an' a soun'
Like de trampin' ob hoofs on de col', col'
    groun'.
    I 's 'spicious ob a storm,
    An' dar ain't no doubt
But somebody 's gone an' lef' de ole hoss out.

    I 'membah now de sheep
    Come a-runnin' to de shed,
An' de ole bossie cow was a-standin' in 'er bed,
    An' de chickens on de roos';
    But what was I 'bout
When I done went to bed an' lef' de ole hoss
    out?

    Well, I mus' n' lay hyeah
    An' habe de col' win's blow—
When de keyhole whistles dar 's gwine to come
    snow—

I jes' ought to 'rise
An' wandah right out,
An' cuah mahself ob leabin' de ole hoss out.

Mah goodness, what a night!
Wondah what 's dat soun'?
Dat 's de ole hoss, jes' comin' on de boun'.
I 's ashame' ob myse'f!
Well, what was I 'bout,
To go to bed to res' an' leabe de ole hoss out?

69

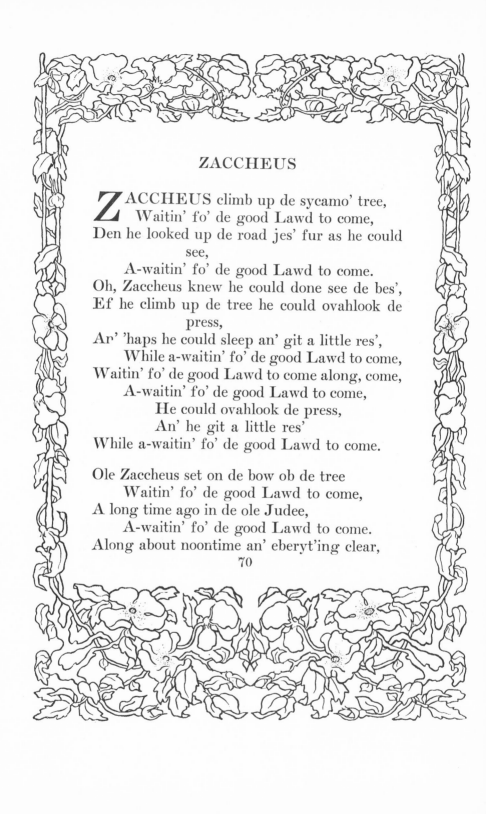

ZACCHEUS

ZACCHEUS climb up de sycamo' tree,
    Waitin' fo' de good Lawd to come,
Den he looked up de road jes' fur as he could
        see,
    A-waitin' fo' de good Lawd to come.
Oh, Zaccheus knew he could done see de bes',
Ef he climb up de tree he could ovahlook de
        press,
Ar' 'haps he could sleep an' git a little res',
    While a-waitin' fo' de good Lawd to come,
Waitin' fo' de good Lawd to come along, come,
    A-waitin' fo' de good Lawd to come,
      He could ovahlook de press,
      An' he git a little res'
While a-waitin' fo' de good Lawd to come.

Ole Zaccheus set on de bow ob de tree
    Waitin' fo' de good Lawd to come,
A long time ago in de ole Judee,
    A-waitin' fo' de good Lawd to come.
Along about noontime an' eberyt'ing clear,

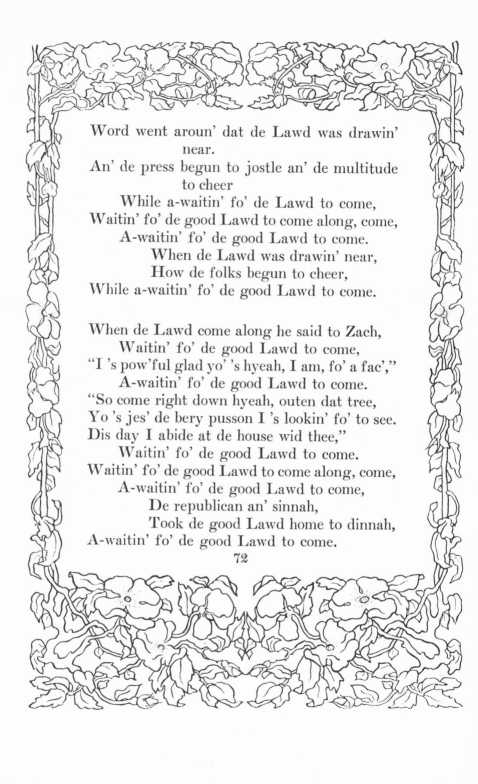

Word went aroun' dat de Lawd was drawin'
    near.
An' de press begun to jostle an' de multitude
    to cheer
    While a-waitin' fo' de Lawd to come,
Waitin' fo' de good Lawd to come along, come,
    A-waitin' fo' de good Lawd to come.
        When de Lawd was drawin' near,
        How de folks begun to cheer,
While a-waitin' fo' de good Lawd to come.

When de Lawd come along he said to Zach,
    Waitin' fo' de good Lawd to come,
"I 's pow'ful glad yo' 's hyeah, I am, fo' a fac',"
    A-waitin' fo' de good Lawd to come.
"So come right down hyeah, outen dat tree,
Yo 's jes' de bery pusson I 's lookin' fo' to see.
Dis day I abide at de house wid thee,"
    Waitin' fo' de good Lawd to come.
Waitin' fo' de good Lawd to come along, come,
    A-waitin' fo' de good Lawd to come,
        De republican an' sinnah,
        Took de good Lawd home to dinnah,
A-waitin' fo' de good Lawd to come.

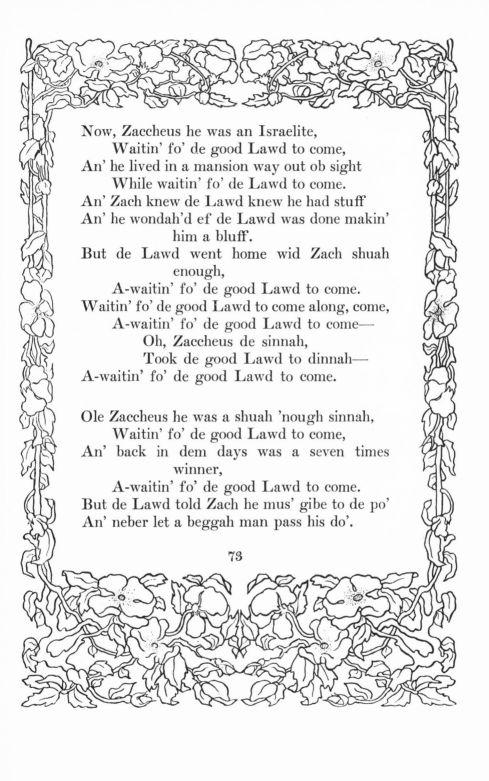

Now, Zaccheus he was an Israelite,
    Waitin' fo' de good Lawd to come,
An' he lived in a mansion way out ob sight
    While waitin' fo' de Lawd to come.
An' Zach knew de Lawd knew he had stuff
An' he wondah'd ef de Lawd was done makin'
        him a bluff.
But de Lawd went home wid Zach shuah
        enough,
    A-waitin' fo' de good Lawd to come.
Waitin' fo' de good Lawd to come along, come,
    A-waitin' fo' de good Lawd to come—
      Oh, Zaccheus de sinnah,
      Took de good Lawd to dinnah—
A-waitin' fo' de good Lawd to come.

Ole Zaccheus he was a shuah 'nough sinnah,
    Waitin' fo' de good Lawd to come,
An' back in dem days was a seven times
        winner,
    A-waitin' fo' de good Lawd to come.
But de Lawd told Zach he mus' gibe to de po'
An' neber let a beggah man pass his do'.

Den Zach he said: "I will, Lawd, sho',"
  While a-waitin' fo' de good Lawd to come,
Waitin' fo' de good Lawd to come along, come,
  A-waitin' fo' de good Lawd to come.
      So gibe me de po'
      Dat pass by yo' do',
While a-waitin' fo' de good Lawd to come.

DE CLOUDS AM GWINE TO PASS

DE weddah 's mighty warm,
　　An' I gase it 's gwine to storm,
Don' yo' see de swaller flyin' to de thatch?
　　Black clouds a-sweepin' by,
　　Jes' a-skimmin' long de sky,
Dar 's a-hustlin' in de huckleberry patch.

　　Dar 's Zeke an' Hezekiah,
　　Jane Ann an' ole Maria,
Mighty skeery when dey see de lightnin' flash.
　　How dey hustle to de cabin,
　　Whar ole Dinah am a-blabbin'
An' de hoe cake am a-bakin' in de ash.

　　I tol' yo' kase I know,
　　Jes' what make it thundah so,
Dat 's de way God shake de rain out ob de sky;
　　An' when yo' hyeah de soun'
　　Like a-shubbin' tables roun'
Yo' kin see de pigs a-runnin' to de sty.

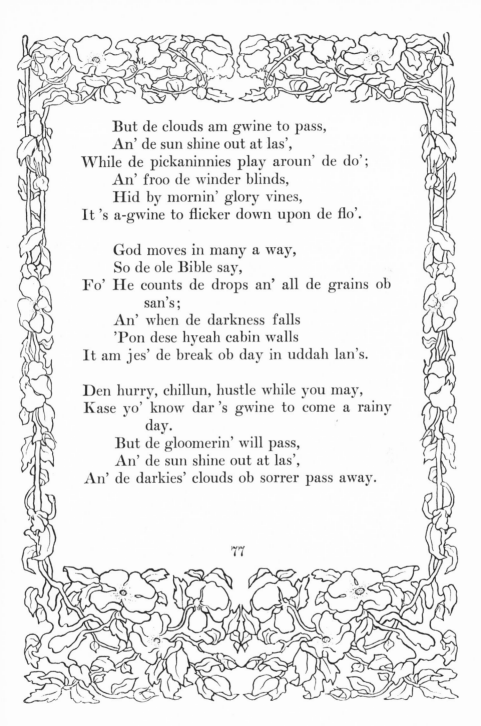

But de clouds am gwine to pass,
An' de sun shine out at las',
While de pickaninnies play aroun' de do';
An' froo de winder blinds,
Hid by mornin' glory vines,
It 's a-gwine to flicker down upon de flo'.

God moves in many a way,
So de ole Bible say,
Fo' He counts de drops an' all de grains ob
san's;
An' when de darkness falls
'Pon dese hyeah cabin walls
It am jes' de break ob day in uddah lan's.

Den hurry, chillun, hustle while you may,
Kase yo' know dar 's gwine to come a rainy
day.
But de gloomerin' will pass,
An' de sun shine out at las',
An' de darkies' clouds ob sorrer pass away.

77

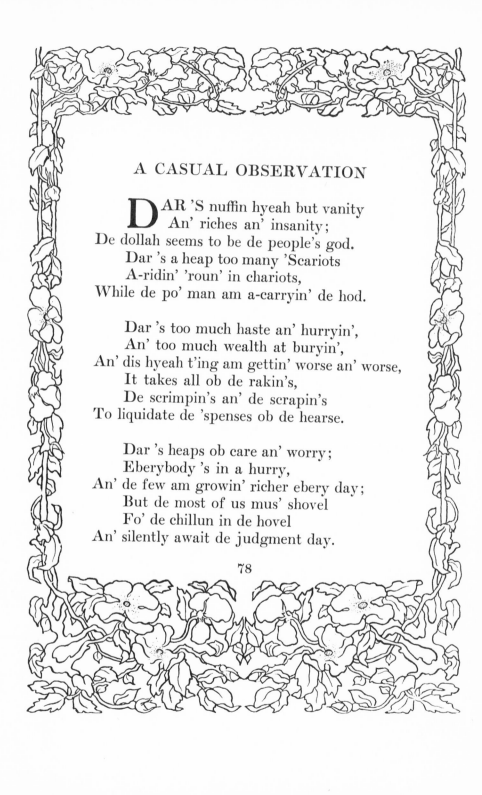

A CASUAL OBSERVATION

DAR 'S nuffin hyeah but vanity
    An' riches an' insanity;
De dollah seems to be de people's god.
    Dar 's a heap too many 'Scariots
    A-ridin' 'roun' in chariots,
While de po' man am a-carryin' de hod.

    Dar 's too much haste an' hurryin',
    An' too much wealth at buryin',
An' dis hyeah t'ing am gettin' worse an' worse,
    It takes all ob de rakin's,
    De scrimpin's an' de scrapin's
To liquidate de 'spenses ob de hearse.

    Dar 's heaps ob care an' worry;
    Eberybody 's in a hurry,
An' de few am growin' richer ebery day;
    But de most of us mus' shovel
    Fo' de chillun in de hovel
An' silently await de judgment day.

78

GOD ONLY KNOWS

I SAW an ole beggar dis mawnin', Lucindy,
De weddah was col' an' bleak an' windy,
    An' de fros' took hold
    Ob de end ob his nose.
    Whar wus he goin'?
    God only knows, chile,
    God only knows.

All he had on was an ole woolen jacket.
An' pants dat had done seed a mighty ha'd
    racket,
      His shoes war all out,
      Kase I saw his toes.
      Whar wus he goin'?
      God only knows, chile,
      God only knows.

He said his gran'chillun had turned him away,
Wid nuffin' to eat on las' Thanksgibin' Day.
      Wid no obahcoat,
      He looked about froze.

79

Whar wus he goin'?
God only knows, chile,
God only knows.

He lifted his han's, dey was bony an' blue,
An' axed me was dis hyeah de main avenue,
 Den walked obah dar
 To dose ten'ment rows.
 Had he frien's in dar?
 God only knows, chile,
 God only knows.

I don' b'liebe in treatin' a gran'fadah so,
Kase some day it's comin' right square back,
 yo' know.
 An' when we grow ole
 An' come to de snows,
 Den who 'll keer fo' us?
 God only knows, chile,
 God only knows.

God keeps account ob de sparrers dat fall,
We stan' a-waitin', we soon hyeah Him call.
 God brings de wintah,

De rain an' de snows,
God makes de win' blow,
But jes' whar it goes,
God only knows, chile,
God only knows.

DE RIBAH OB LIFE

I DREAMT dat I saw de ribah ob life
    Dat flows to de Jaspah Sea.
De angels war wadin' to an' fro,
    But none ob 'em spoke to me.
Some dipped dere wings in de silb'ry tide;
Some war alone an' some side by side.
Nary a one dat I knew could I see
      In dat ribah ob life,
      De ribah ob life
    Dat flows to de Jaspah Sea.

De ribah was wide, dat ribah ob life;
    De bottom I plainly could see.
De stones layin' dar was whitah dan snow;
    De sands looked like gold to me.
De angels kep' wadin' to an' fro;
Whar did dey come from?
Whar did dey go?
None ob 'em sinnahs like me, I know,
      In dat ribah ob life,
      De ribah ob life
    Dat flows to de Jaspah Sea.

De watah was clear as de "well by de gate,"
    Whar Jesus de light first see.
De sofes' ob music f'om angel bands
Come obah dat ribah ob golden sands,
    Come obah dat ribah to me.
An' den I saw de clouds break away,
Revealin' de pearly gates ob day,
De beautiful day dat nebah shall cease,
Where all is joy, an' lub, an' peace.
An' ovah dem gates was written so clear:
"Peace to all who entah here."
De angels was gadderin' 'roun' de frone,
De gates done closed, I was lef' alone,
Alone on de banks ob a darkenin' stream,
But when I awoke I foun' 't was a dream.

I 's gwine to ford dat ribah ob life
    An' see de eternal day.
I 's gwine to hear dem heabenly bands,
An' feel de tech ob ole-time hands
    Dat long hab passed away.
Dar 's crowns ob glory for all, I 'm told,
An' lubly harps wid strings ob gold.
An' I know ef dar 's peace beyon' dat sea,

Wid res' fo' de weary, dar 's res' fo' me—
Beyon' dat ribah, dat ribah ob life,
Dat flows to de Jaspah Sea.

85

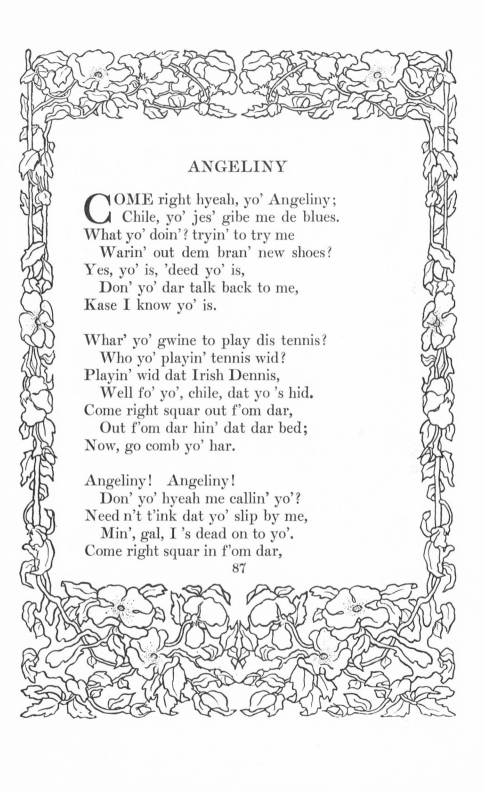

ANGELINY

COME right hyeah, yo' Angeliny;
  Chile, yo' jes' gibe me de blues.
What yo' doin'? tryin' to try me
  Warin' out dem bran' new shoes?
Yes, yo' is, 'deed yo' is,
  Don' yo' dar talk back to me,
Kase I know yo' is.

Whar' yo' gwine to play dis tennis?
  Who yo' playin' tennis wid?
Playin' wid dat Irish Dennis,
  Well fo' yo', chile, dat yo 's hid.
Come right squar out f'om dar,
  Out f'om dar hin' dat dar bed;
Now, go comb yo' har.

Angeliny! Angeliny!
  Don' yo' hyeah me callin' yo'?
Need n't t'ink dat yo' slip by me,
  Min', gal, I 's dead on to yo'.
Come right squar in f'om dar,

Yo' cain't play wid dem low white trash,
Now, my gal, see hyeah.

Whar 's yo' music edgecashun?
　　Git to dat piannah dar
Play dat lubly strabaganzah
　　Dat yo' calls de Maiden's Pra'r.
Lan' a-libin', chile, do yo'
　　Want de folks in dis hyeah neighbo'hood
T'ink yo' 's Irish, too?

LITTLE JUDE

PO' little Jude, why, don' yo' know
  Dat little chile? A yeah ago
Her muddah died. I reckon now
'T was jes' las' spring I 's tellin' yo'
    'Bout little Jude.

Po' little waif indeed she war;
An' how she cried, jes' out de crib
Dat baby war, an' her muddah died.
Could walk an' run an' jabbah some,
Dat little Jude. It make me cry,
Tell yo' it do, jes' when I t'ink
    'Bout little Jude.

De fun'al day she war asleep,
Tucked in de crib, dat little chile
Had on her bib—dat orphin Jude.
De mo'ners come; an' when dey pray
Dat little Jude waked up an' say:
"Mammy! Mammy!" jes' dat way.
Nobody know jes' what to do
    Wid little Jude.

She cry so ha'd dey lif' her down;
F"om room to room she toddled roun'
A-cryin': "Mammy! come an' take
Yo' little Judy dat 's awake—
Yo' little Judy 's wide awake."
My lan'! de teahs come in mah eyes!
But when she foun' her own high-chaih,
Dat had been hid, an' pushed it up
'Long side ob whar her muddah was,
An' den climbed up an' pounded on
De coffin-lid, I could n't stan'
De awful grief—de sobs an' teahs—
An' little Jude, a-lookin' roun'
Fo' one dat now at las' she 's foun'—
Why, chile, I cain't—I nevah will
      Fo'get dat day.

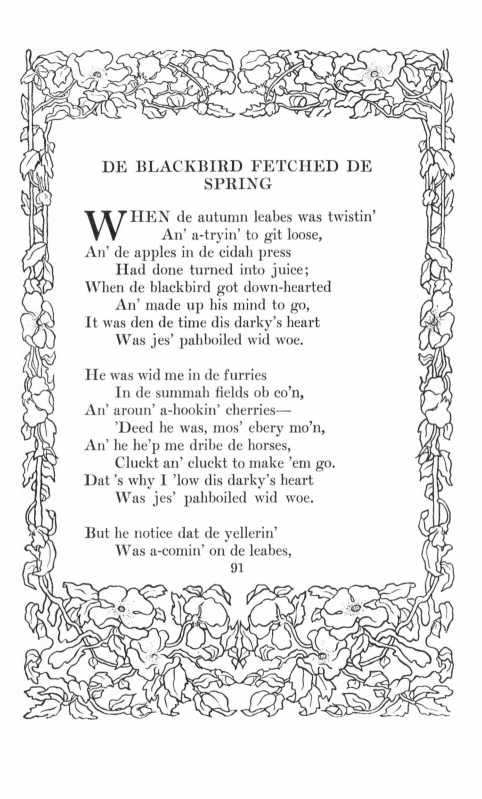

DE BLACKBIRD FETCHED DE
SPRING

WHEN de autumn leabes was twistin'
    An' a-tryin' to git loose,
An' de apples in de cidah press
    Had done turned into juice;
When de blackbird got down-hearted
    An' made up his mind to go,
It was den de time dis darky's heart
    Was jes' pahboiled wid woe.

He was wid me in de furries
    In de summah fields ob co'n,
An' aroun' a-hookin' cherries—
    'Deed he was, mos' ebery mo'n,
An' he he'p me dribe de horses,
    Cluckt an' cluckt to make 'em go.
Dat 's why I 'low dis darky's heart
    Was jes' pahboiled wid woe.

But he notice dat de yellerin'
    Was a-comin' on de leabes,

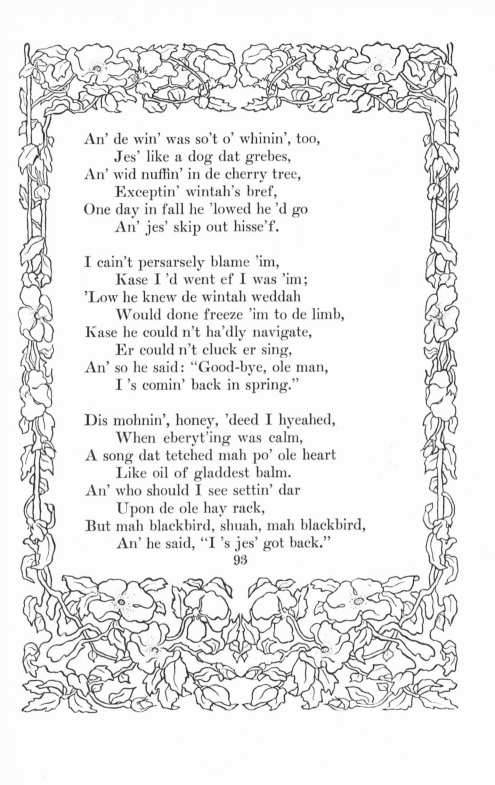

An' de win' was so't o' whinin', too,
    Jes' like a dog dat grebes,
An' wid nuffin' in de cherry tree,
    Exceptin' wintah's bref,
One day in fall he 'lowed he 'd go
    An' jes' skip out hisse'f.

I cain't persarsely blame 'im,
    Kase I 'd went ef I was 'im;
'Low he knew de wintah weddah
    Would done freeze 'im to de limb,
Kase he could n't ha'dly navigate,
    Er could n't cluck er sing,
An' so he said: "Good-bye, ole man,
    I 's comin' back in spring."

Dis mohnin', honey, 'deed I hyeahed,
    When eberyt'ing was calm,
A song dat tetched mah po' ole heart
    Like oil of gladdest balm.
An' who should I see settin' dar
    Upon de ole hay rack,
But mah blackbird, shuah, mah blackbird,
    An' he said, "I 's jes' got back."

Den he opened up his warble,
    When de gentle win's so soft
Came dancin' from de hill-tops dar,
    An' o'er de meddah croft.
An' down hyeah by mah cabin do'
    He sang an' flashed his wing,
An' I praised de Lo'd ob glory,
    Kase mah blackbird fetched de spring.

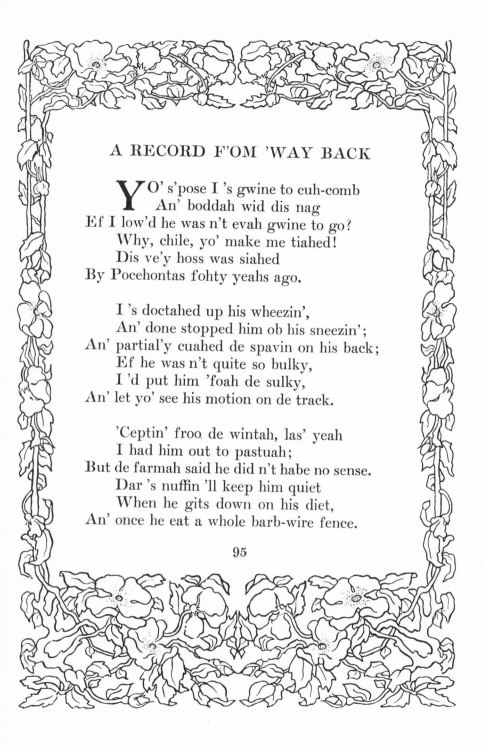

A RECORD F'OM 'WAY BACK

Yo' s'pose I 's gwine to cuh-comb
　　An' boddah wid dis nag
Ef I low'd he was n't evah gwine to go?
　　Why, chile, yo' make me tiahed!
　　Dis ve'y hoss was siahed
By Pocehontas fohty yeahs ago.

　　I 's doctahed up his wheezin',
　　An' done stopped him ob his sneezin';
An' partial'y cuahed de spavin on his back;
　　Ef he was n't quite so bulky,
　　I 'd put him 'foah de sulky,
An' let yo' see his motion on de track.

　　'Ceptin' froo de wintah, las' yeah
　　I had him out to pastuah;
But de farmah said he did n't habe no sense.
　　Dar 's nuffin 'll keep him quiet
　　When he gits down on his diet,
An' once he eat a whole barb-wire fence.

95

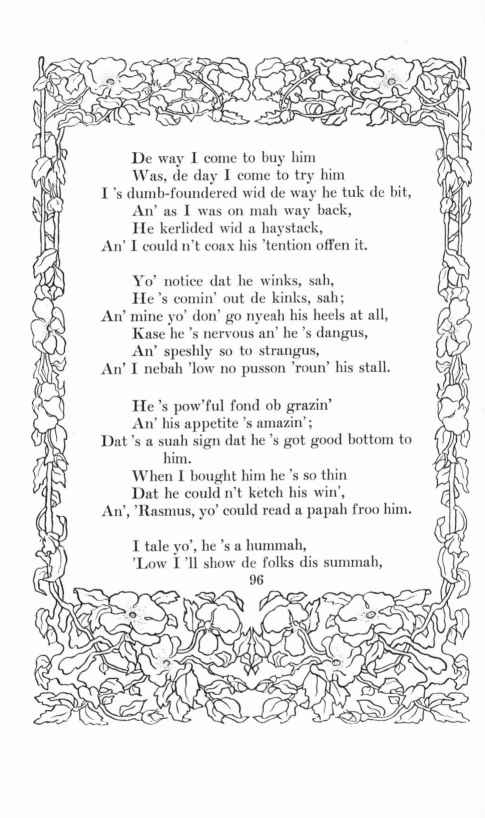

De way I come to buy him
Was, de day I come to try him
I 's dumb-foundered wid de way he tuk de bit,
   An' as I was on mah way back,
   He kerlided wid a haystack,
An' I could n't coax his 'tention offen it.

   Yo' notice dat he winks, sah,
   He 's comin' out de kinks, sah;
An' mine yo' don' go nyeah his heels at all,
   Kase he 's nervous an' he 's dangus,
   An' speshly so to strangus,
An' I nebah 'low no pusson 'roun' his stall.

   He 's pow'ful fond ob grazin'
   An' his appetite 's amazin';
Dat 's a suah sign dat he 's got good bottom to
      him.
   When I bought him he 's so thin
   Dat he could n't ketch his win',
An', 'Rasmus, yo' could read a papah froo him.

   I tale yo', he 's a hummah,
   'Low I 'll show de folks dis summah,

Kase jes' now he ain't feelin' zackly bright,
　　When he gets his second win', sah,
　　Yo' ought to see him spin, sah,
Why, chile, dat hoss's record 's out ob sight.

97

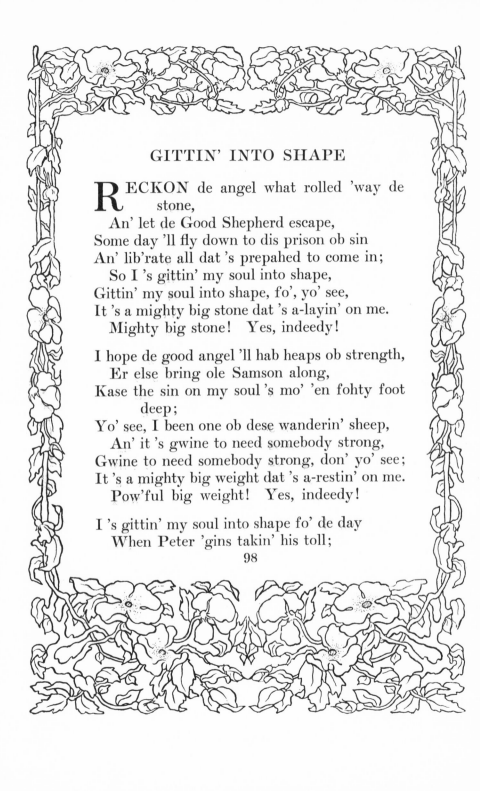

GITTIN' INTO SHAPE

RECKON de angel what rolled 'way de
  stone,
 An' let de Good Shepherd escape,
Some day 'll fly down to dis prison ob sin
An' lib'rate all dat 's prepahed to come in;
 So I 's gittin' my soul into shape,
Gittin' my soul into shape, fo', yo' see,
It 's a mighty big stone dat 's a-layin' on me.
 Mighty big stone! Yes, indeedy!

I hope de good angel 'll hab heaps ob strength,
 Er else bring ole Samson along,
Kase the sin on my soul 's mo' 'en fohty foot
  deep;
Yo' see, I been one ob dese wanderin' sheep,
 An' it 's gwine to need somebody strong,
Gwine to need somebody strong, don' yo' see;
It 's a mighty big weight dat 's a-restin' on me.
 Pow'ful big weight! Yes, indeedy!

I 's gittin' my soul into shape fo' de day
 When Peter 'gins takin' his toll;

Ready to lay down my burden an' rest,
Ready to take up de cross ob de blest,
  Ready to entah de fol'.
Gittin' my soul into shape, don' yo' see;
Dar 's a big load ob sin been a-restin' on me,
  Big load ob sin!   Yes, indeedy!
      Yes, indeedy!

PATRIOTISM AND A PENSION

OLE Fo'th ob July
    Am mighty close by,
Kase I done smell powdah in de ahr;
    An' de beatin' ob de drums
    When de regiment comes
Sort o' 'minds me ob de times in de wah.

    I was chief ob a division
    Dat furnished de pervision,
An' I done looked wid pride on mah troops;
    I had 'em so well drilled
    Dat none ob dem got killed—
Our business was inspectin' chicken coops.

    I was shot froo de lip,
    An' wounded in de hip,
An' fractuah'd mo' er less about de head;
    At de trouble 'roun' Fo't Pickens
    I was skirmagin' fo' chickens,
When mah foot slipt an' I fell off de shed.

Gen'l Sherman gibe us right
  To forage mos' de night,
So dat's why I 'se trompin' on dis peg.
  I was out abductin' salt,
  When somebody hollahed "halt!"
An' de fool up an' shot me in de leg.

  Jes' what I want to mention
  Is, I want increase ob pension,
An' I make mah affidavit fo' de judge
  Dat I was in comman'
  When a shell bust in mah han',
An' fo' fohty-seben days I could n't budge.

  I 'll stop, an' hol' mah peace,
  Ef I get a good increase;
I want mah pension bill increased to five;
  Fo' mah lip, an' hip, an' han',
  An' mah head, yo' undahstan',
An' one jes' fo' comin' out alive.

102

DE SPRING-HOUSE

DOWN to de spring-house am whar I
    long to wandah—
De ole do' a-creakin' as it swings to an' fro,
Down to de spring-house standin' obah yon-
    dah,
Standin' obah yondah in de long time ago.

Down by de spring-house de lilacs am
    a-bloomin';
Hollyhocks a-noddin' an' honeysuckles thick.
Down by de spring-house I listen to de lowin',
An' reckon de ole brindle cow am wadin' up
    de creek.

Down by de spring-house once again I 'm
    walkin';
Yellah cream 'pon de shef, cain't let it be.
Down in de spring-house, no use in talkin'—
Col' greens an' hog-jole 's good enough fo' me.

Down to de spring-house missus comes
    a-callin',
Ole hound 's a-bahkin' an' massa 'gins to shout.
Down in de spring-house what a caterwaulin'—
Jes' sort a-waitin' fo' de niggah to come out.

Down by de spring-house blackbirds eat de
    cherry,
Wasp suck de honeysuckle, clovah feed de bee.
Down in de spring-house niggah nevah
    worry—
Down in de spring-house am good enough fo'
    me.

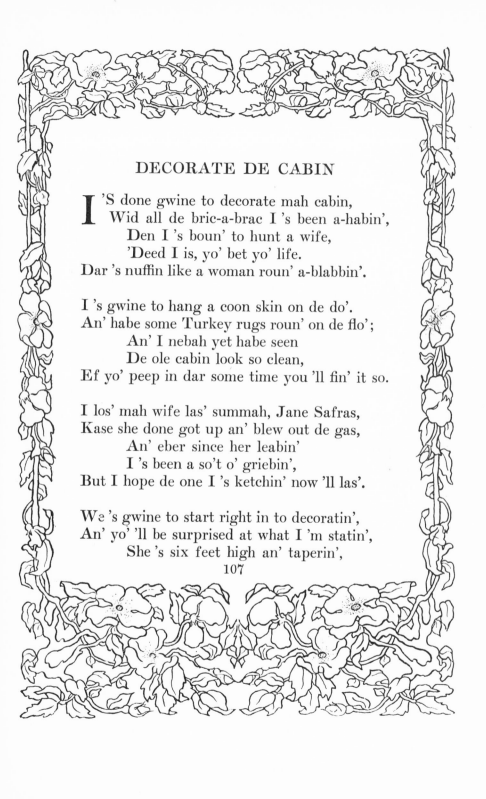

DECORATE DE CABIN

I'S done gwine to decorate mah cabin,
  Wid all de bric-a-brac I's been a-habin',
    Den I's boun' to hunt a wife,
    'Deed I is, yo' bet yo' life.
Dar's nuffin like a woman roun' a-blabbin'.

I's gwine to hang a coon skin on de do'.
An' habe some Turkey rugs roun' on de flo';
    An' I nebah yet habe seen
    De ole cabin look so clean,
Ef yo' peep in dar some time you'll fin' it so.

I los' mah wife las' summah, Jane Safras,
Kase she done got up an' blew out de gas,
    An' eber since her leabin'
    I's been a so't o' griebin',
But I hope de one I's ketchin' now 'll las'.

We's gwine to start right in to decoratin',
An' yo' 'll be surprised at what I'm statin',
    She's six feet high an' taperin',

An' out ob sight in paperin',
I 's mighty glad I 's been so long a-waitin'.

We 's gwine to 'range de pictures on de wall—
Yo' talk about a fine reception hall—
Yo' ought to see de flowahs,
An' de chromios in ours,
Why, de white man's house ain' in de t'ing at
all.

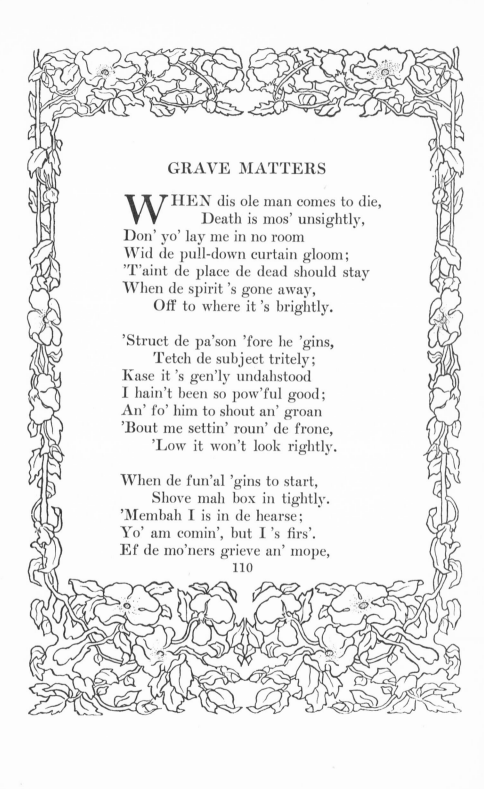

GRAVE MATTERS

WHEN dis ole man comes to die,
　　Death is mos' unsightly,
Don' yo' lay me in no room
Wid de pull-down curtain gloom;
'T'aint de place de dead should stay
When de spirit 's gone away,
　　Off to where it 's brightly.

'Struct de pa'son 'fore he 'gins,
　　Tetch de subject tritely;
Kase it 's gen'ly undahstood
I hain't been so pow'ful good;
An' fo' him to shout an' groan
'Bout me settin' roun' de frone,
　　'Low it won't look rightly.

When de fun'al 'gins to start,
　　Shove mah box in tightly.
'Membah I is in de hearse;
Yo' am comin', but I 's firs'.
Ef de mo'ners grieve an' mope,

So 's to make de hosses lope,
    Keep de team up sprightly.

Lowah me slowly in de grave;
    Drop de earf down lightly.
Need n't lingah long, an', say,
'Spense wid prayer 's de better way;
Don' keer ef nobody sings.
Jes' to know de chu'ch bell rings
    'S gwine to please me might'ly.

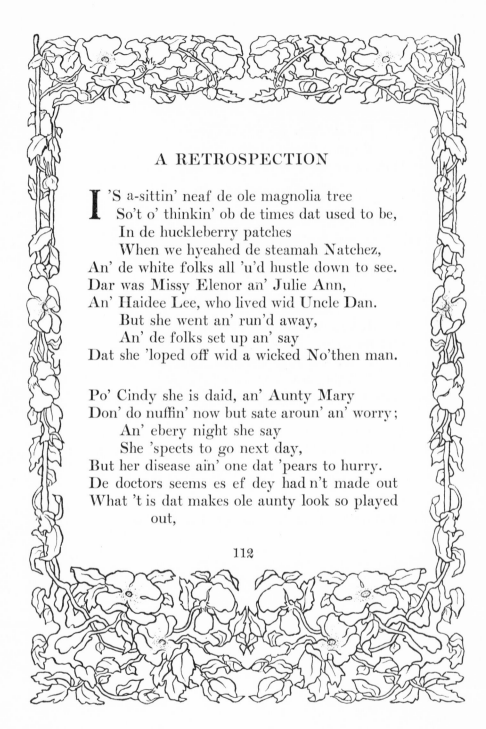

A RETROSPECTION

I 'S a-sittin' neaf de ole magnolia tree
  So't o' thinkin' ob de times dat used to be,
    In de huckleberry patches
    When we hyeahed de steamah Natchez,
An' de white folks all 'u'd hustle down to see.
Dar was Missy Elenor an' Julie Ann,
An' Haidee Lee, who lived wid Uncle Dan.
    But she went an' run'd away,
    An' de folks set up an' say
Dat she 'loped off wid a wicked No'then man.

Po' Cindy she is daid, an' Aunty Mary
Don' do nuffin' now but sate aroun' an' worry;
    An' ebery night she say
    She 'spects to go next day,
But her disease ain' one dat 'pears to hurry.
De doctors seems es ef dey had n't made out
What 't is dat makes ole aunty look so played
      out,

But de time she will consume
Turnin' Heaven into gloom
Will make de Lawd repent when she's done
    laid out.

Missy Elenor she married Colonel Paxton,
An' de scandal 'bout the Colonel don't be axin',
    But dey say, I undahstan',
    Dat he done shot off his han',
Jes' to keep from jinin' good ole Stonewall
    Jackson.
An' Julie Ann dat talk like she was hoarse,
Dat huzzy she's done gone an' got divorce.
    Dey lived in Chickamaugah
    Till she moved up to Chicagah,
Kase t'ings is mighty cheap up dar, ob course.

Yo' 'membah Haidee Lee? I undahstand
Dat she's trablin' roun' de country wid a band,
    An' hyeah she sort o' prances
    Wid a skirt an' thinks she dances,
Did yo' ebah, ebah, goodness land!
Wid de 'vantages dey used to habe, an' see

113

How dem girls was all turned out.   Now, kin it be
    Dat cussedness is sown,
    Er is it in de bone?
Well, it mus' be in de family, seems to me.

114

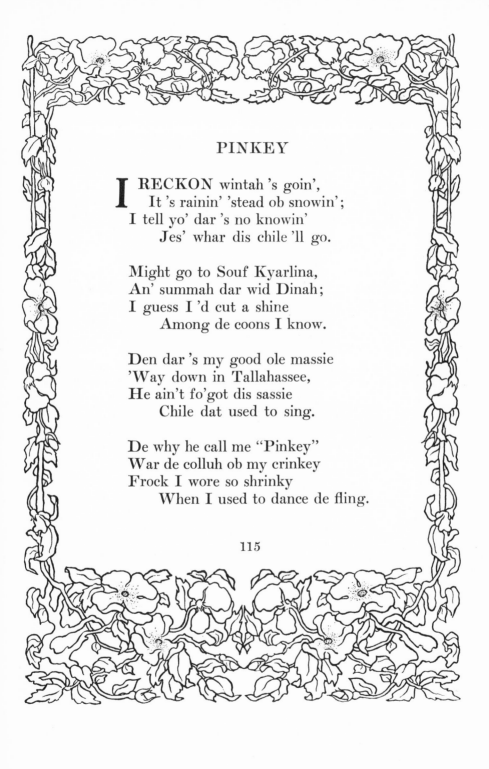

PINKEY

I RECKON wintah 's goin',
It 's rainin' 'stead ob snowin';
I tell yo' dar 's no knowin'
Jes' whar dis chile 'll go.

Might go to Souf Kyarlina,
An' summah dar wid Dinah;
I guess I 'd cut a shine
Among de coons I know.

Den dar 's my good ole massie
'Way down in Tallahassee,
He ain't fo'got dis sassie
Chile dat used to sing.

De why he call me "Pinkey"
War de colluh ob my crinkey
Frock I wore so shrinky
When I used to dance de fling.

115

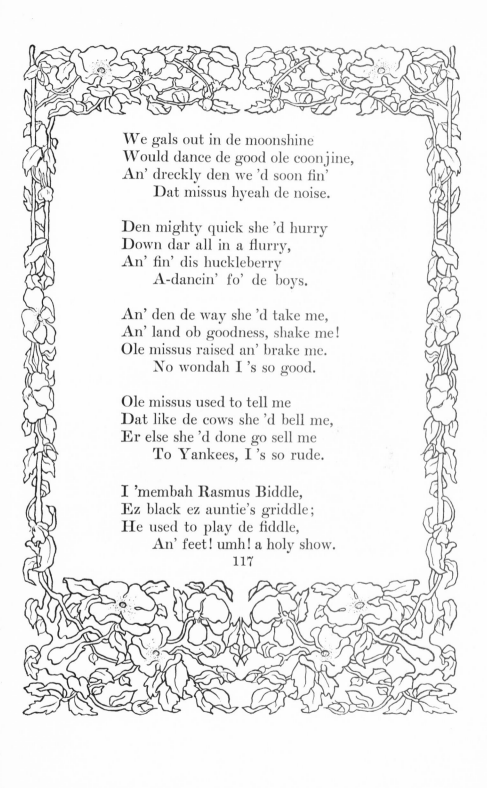

We gals out in de moonshine
Would dance de good ole coonjine,
An' dreckly den we 'd soon fin'
    Dat missus hyeah de noise.

Den mighty quick she 'd hurry
Down dar all in a flurry,
An' fin' dis huckleberry
    A-dancin' fo' de boys.

An' den de way she 'd take me,
An' land ob goodness, shake me!
Ole missus raised an' brake me.
    No wondah I 's so good.

Ole missus used to tell me
Dat like de cows she 'd bell me,
Er else she 'd done go sell me
    To Yankees, I 's so rude.

I 'membah Rasmus Biddle,
Ez black ez auntie's griddle;
He used to play de fiddle,
    An' feet! umh! a holy show.

An' dar was Luke an' Jaspah,
Lucindy, Jude an' Caspah,
Dat ignominyus, 'aspah-
    Ratin', on'ry lookin' moke.

Dat ole cush-footed, cramp-back,
Dat essence ob ole lampblack,
Dat inside, yih! yih! ob a smokestack,
    Us gals we called him smoke.

An' dat new coon f'om Cuba,
Dat used to play de tuba,
He used to pat de juba,
    While I dance de Mobile buck.

De ole banjo was a-pingin'
An' dat pink frock a-swingin',
Dis yaller chile a-wingin',
    Jes' hoein' down fo' luck.

I ain't no Mobile niggah,
I cut no Mobile figgah,
But when yo' pull de triggah
    Yo' pestah dese hyeah shoes.

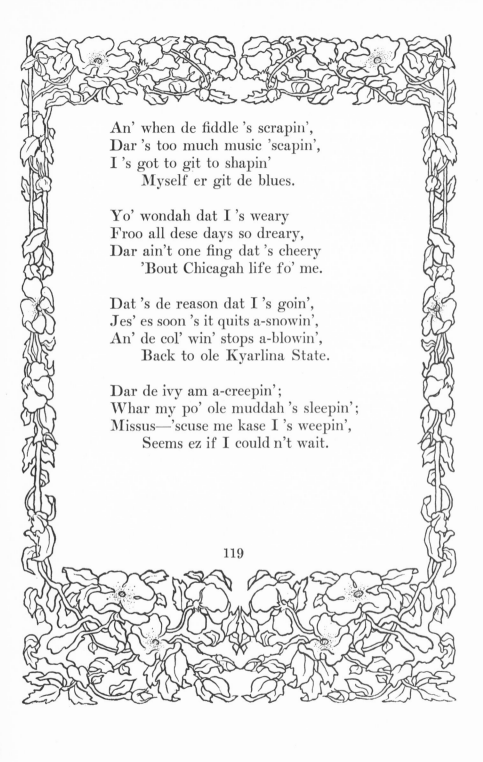

An' when de fiddle 's scrapin',
Dar 's too much music 'scapin',
I 's got to git to shapin'
    Myself er git de blues.

Yo' wondah dat I 's weary
Froo all dese days so dreary,
Dar ain't one fing dat 's cheery
    'Bout Chicagah life fo' me.

Dat 's de reason dat I 's goin',
Jes' es soon 's it quits a-snowin',
An' de col' win' stops a-blowin',
    Back to ole Kyarlina State.

Dar de ivy am a-creepin';
Whar my po' ole muddah 's sleepin';
Missus—'scuse me kase I 's weepin',
    Seems ez if I could n't wait.

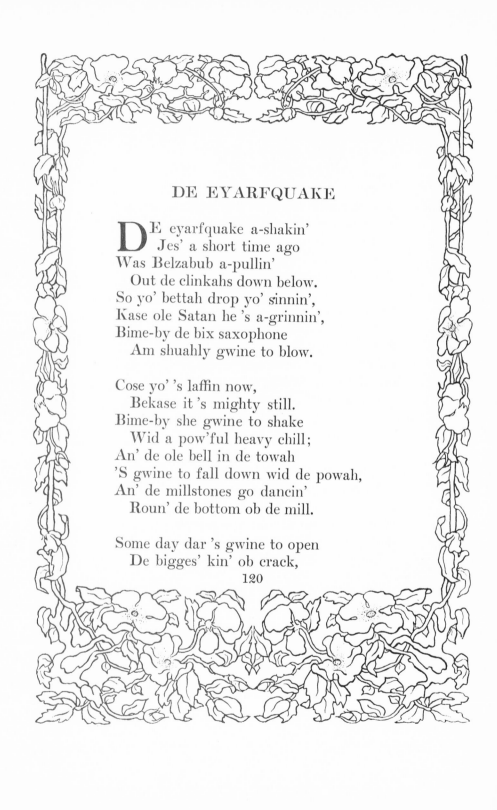

DE EYARFQUAKE

DE eyarfquake a-shakin'
  Jes' a short time ago
Was Belzabub a-pullin'
  Out de clinkahs down below.
So yo' bettah drop yo' sinnin',
Kase ole Satan he 's a-grinnin',
Bime-by de bix saxophone
  Am shuahly gwine to blow.

Cose yo' 's laffin now,
  Bekase it 's mighty still.
Bime-by she gwine to shake
  Wid a pow'ful heavy chill;
An' de ole bell in de towah
'S gwine to fall down wid de powah,
An' de millstones go dancin'
  Roun' de bottom ob de mill.

Some day dar 's gwine to open
  De bigges' kin' ob crack,

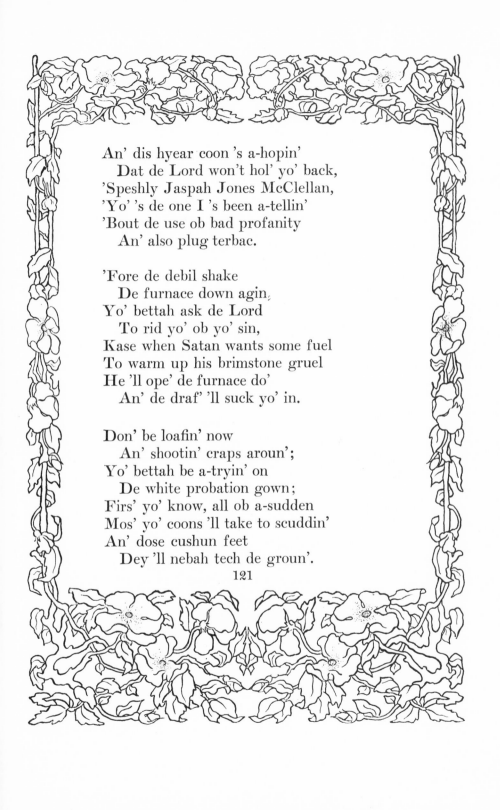

An' dis hyear coon 's a-hopin'
  Dat de Lord won't hol' yo' back,
'Speshly Jaspah Jones McClellan,
'Yo' 's de one I 's been a-tellin'
'Bout de use ob bad profanity
  An' also plug terbac.

'Fore de debil shake
  De furnace down agin,
Yo' bettah ask de Lord
  To rid yo' ob yo' sin,
Kase when Satan wants some fuel
To warm up his brimstone gruel
He 'll ope' de furnace do'
  An' de draf' 'll suck yo' in.

Don' be loafin' now
  An' shootin' craps aroun';
Yo' bettah be a-tryin' on
  De white probation gown;
Firs' yo' know, all ob a-sudden
Mos' yo' coons 'll take to scuddin'
An' dose cushun feet
  Dey 'll nebah tech de groun'.

121

INJUN SUMMAH

DE Injun summah 's comin',
  De bees is all froo hummin',
De watahmellon thumbin'
  Has passed long time ago.
De ole clock in de kitchen
Is tickin' mos' bewitchin'
While Gabe is out unhitchin'
  Jes' kase it looks like snow.

De lambs is runnin' over
De aftermath ob clovah,
An' yondah comes de drovah;
  I 'spec' he 's got a yahn
About de ole bell-weddah
Dat 's wand'rin' roun' de meddah
An' wants to git togeddah
  Wid de sheep up roun' de bahn.

Some days de sun is shinin',
Some days de win' is whinin',
An' den I 's after fin'in'
  Big pippins on de groun';

De birds habe all stopped singin',
Wil' geese is soufward wingin',
Jes' look an' see 'em stringin'
   Whar warmah weddah 's foun'.

De yaller cat is nappin'
An' layin' roun' an' gappin';
Bime-by he will be slappin'
   Some tom-cat on de wall.
Dar 's a meller, yeller glory
Kase de yeah is ole an' ho'ry,
An' a melancholy story
   So't ob hangin' roun' us all.

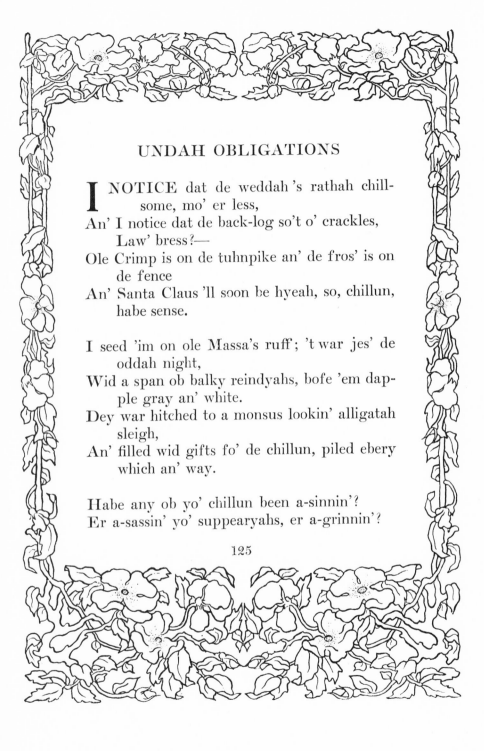

UNDAH OBLIGATIONS

I NOTICE dat de weddah 's rathah chill-
    some, mo' er less,
An' I notice dat de back-log so't o' crackles,
    Law' bress?—
Ole Crimp is on de tuhnpike an' de fros' is on
    de fence
An' Santa Claus 'll soon be hyeah, so, chillun,
    habe sense.

I seed 'im on ole Massa's ruff; 't war jes' de
    oddah night,
Wid a span ob balky reindyahs, bofe 'em dap-
    ple gray an' white.
Dey war hitched to a monsus lookin' alligatah
    sleigh,
An' filled wid gifts fo' de chillun, piled ebery
    which an' way.

Habe any ob yo' chillun been a-sinnin'?
Er a-sassin' yo' suppearyahs, er a-grinnin'?

125

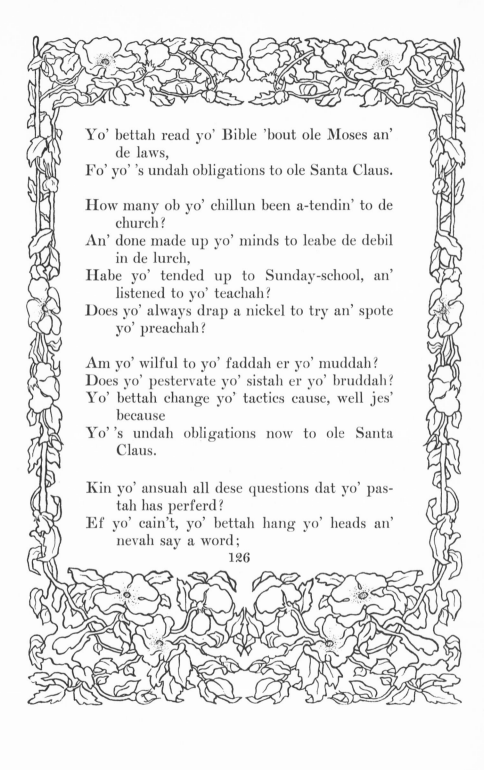

Yo' bettah read yo' Bible 'bout ole Moses an'
    de laws,
Fo' yo' 's undah obligations to ole Santa Claus.

How many ob yo' chillun been a-tendin' to de
    church?
An' done made up yo' minds to leabe de debil
    in de lurch,
Habe yo' tended up to Sunday-school, an'
    listened to yo' teachah?
Does yo' always drap a nickel to try an' spote
    yo' preachah?

Am yo' wilful to yo' faddah er yo' muddah?
Does yo' pestervate yo' sistah er yo' bruddah?
Yo' bettah change yo' tactics cause, well jes'
    because
Yo' 's undah obligations now to ole Santa
    Claus.

Kin yo' ansuah all dese questions dat yo' pas-
    tah has perferd?
Ef yo' cain't, yo' bettah hang yo' heads an'
    nevah say a word;

126

Fo' yo' pastah so't ob reckons dat de debil's
    been bo'n in yo'
An' when ole Santa Claus comes roun' he 'll
    surely be agin yo'.

So, ef any ob yo' chillun been a-sinnin',
Er a-sassin' yo' suppearyahs, er a-grinnin',
Yo' bettah read yo' Bible, don' yo' hesitate er
    pause,
Kase yo' 's undah obligations to ole Santa
    Claus.

DE GOOD SHIP

I 'S been watchin' long fo' de Good Ship,
  De Good Ship de Lawd sent to me;
An' it 'pears dat it 's had a long voyage
  Crossin' life's troublesome sea.

I 's spected it 'long in de mohnin',
  When nebah a sail was in sight,
An' I 's looked fo' it 'long about noonday;
  An' watched fo' it way in de night.

Till I cast my eye obah de boun'less
  Ole ocean, an' what did I see?
Off dar in de hush ob de distance
  De Good Ship a-comin' to me.

So I laid my head down on my pillow,
  Fo'gettin' life's worry an' sin;
An' when I awoke in de mohnin',
  My Good Ship had done got in.